UKUFA
KUKASHAKA

The African Treasury Series, published from the 1940s onwards, consists of works written by pioneers of South African literature in African languages. It has provided a voice for the voiceless and celebrated African culture, history and heritage. The reissue of these foundational texts with new introductions supports ongoing efforts to highlight the importance of writing in indigenous languages, and to remember and celebrate these early giants of African literature.

These reissued texts maintain the orthographic and typesetting fidelity of the original editions published by Wits University Press. New introductions to the texts are included, in the original language and in English.

Several years of concerted effort went into restoring this collection to its rightful place in the canon of African literature. Wits University Press took care to be mindful of the major changes in publishing that have occurred since the works were first published, and undertook several initiatives to reissue these texts. A grant was received from the WiSER Mellon African Digital Humanities project in order to produce the new editions.

Several strong supporters of this project were instrumental in advising, working on and providing the solid basis on which the full print and digital availability of these titles could be completed. It is thanks to the tireless efforts of Nhlanhla Maake, Tuelo Gabonewe, Langa Khumalo, Mike Mahase, Njabulo Manyoni, Sabata Mokae, Fran Saunders, Dumisani Sibiya, Pat Tucker, Mpume Zondi and Karen Press.

UKUFA KUKASHAKA

AFRICAN TREASURY SERIES NO. 14

ELLIOT ZONDI

WITS UNIVERSITY PRESS

Published in South Africa by
Wits University Press
1 Jan Smuts Avenue
Johannesburg 2001

www.witspress.co.za

First published by Wits University Press, 1960
Published edition © University of the Witwatersrand, 2021
Introduction © Mpume Zondi, 2021

Cover photograph by Graeme Williams/Africa Media Online

978-1-77614-071-8 (Paperback)
978-1-77614-112-8 (Web PDF)
978-1-77614-547-8 (EPUB)

Proofreader and translation of Introduction: Njabulo Manyoni
Project manager: Fran Saunders and Karen Press
Cover design: Hybrid Creative
Typeset in 10.5 point Plantin

Okuphakathi

Isingeniso
Mpume Zondi

Kubalulekile ukwazi kabanzi ngomlando wombhali ukuze lowo ofunda umbhalo wakhe abe nolwazi olugculisayo ngalokho okungenzeka ukuthi mhlawumbe kwaba nomthelela emibhalweni yakhe. U-Elliot Zondi wazalwa ziyi-9 ku-April ngonyaka we-1930 endaweni yaseNgome eGreytown. Wafunda amabanga aphansi khona eNgome nokuyilapho ashiywa khona ngabazali bakhe esemncane. Umfowabo omdala waba esemfaka ngaphansi kwesandla sakhe wamfundisa eSt Chads, lapho-ke wafunda khona iBanga lesi-8 kanye nelesi-9. Emva kwalokho waqhubeka wafundela ubuthishela khona eSt Chads. UMnyango wezeMfundo eMgungundlovu wabe sewumnika umfundaze wokuyoqhubeka noMatikuletsheni e-Inkamane High School, eFilidi. Emva kokuphothula izifundo zikaMatikuletsheni wabe esengenela iziqu zeBA (Public Relations) eNyuvesi yase Fort Hare. Ngemva

kokuziphothula wafundisa eMlazi Senior
Secondary School okuyisikole esesibizwa nge-
Zwelethu High School namhlanje. Akahlalanga
isikhathi esitheni lapho ngoba wesula wabe
eseyosebenza embonini yemikhiqizo kwa-Le-
ver Brothers namhlanje esibizwa nge-Unilever.
Umsebenzi wakhe kwakuwukuqeqesha abe-
behamba bekhangisa ngemikhiqizo yakhona.
Wabuye wakhushulelwa esikhundleni soku-
phatha abaqeqeshi babakhangisi bemikhiqizo
yenkampani.

Washadelwa yintokazi yakoMntungwa,
uMaKhumalo. Waqhubeka wafunda ngasese
izifundo zeDiploma kwezokuphathwa kwa-
basebenzi e-Unisa. Emva kwalokho wakhus-
hulelwa esikhundleni sokuphatha ehhovisi
lalowo mkhakha. Ngokuzithola esebenzisana
nabantu bezinhlanga ezahlukene kwezeZi-
limi zaboMdabu, wagqugquzeleka ukwazi
kabanzi ngazo. Wanikwa ikhefu lonyaka
ukuze ayofundela iziqu zeBA (Honours)
khona e-Unisa. Ekuziphothuleni kwakhe
wabe esengenela izifundo eziphezulu zeMas-
ters ezilimini zabomdabu eNyuvesi yaseNatali
nokwathi emva kokuzithola wesula kwaLever
Brothers eseyoqashwa khona kule Nyuvesi,
eMnyangweni wesiZulu ekuqaleni kweminyaka
ye-1980. Wasebenza lapho-ke kwaze kwaba
uthatha umhlalaphansi. Ngaphambi kokudlula

emhlabeni wayephezu komkhankaso wokub-
hala incwadi esihloko sithi, Isiziba Esinzonzo.
Udlule emhlabeni ngonyaka wezi-2005.

U-Elliot Zondi wabhala imidlalo emi-
bili ngaphansi kwezihloko, Ukufa kukaShaka
(1960) kanye nethi, Insumansumane (1986).
Kule midlalo uveza izikhathi ezimbili ezahlu-
kene emlandweni wesizwe samaZulu. Eyokuqala
ikhuluma ngokufa kukaShaka, umakhi wom-
buso wesizwe samaZulu eminyakeni yoku-
busa kwakhe (1816–1828). Kweyesibili ubhala
ngeMpi Yamakhanda yango1906 nokuyilapho
uZulu wahlulwa khona ngamaNgisi. Yomibili
le midlalo iveza ukubaluleka kokuxoxisana pha-
kathi kwabaholi nokuyinto esabalulekile ngisho
nanamhlanje esizweni esiNsundu. Lapha
nokho sizokhuluma ngalo mdlalo wokuqala
othi, Ukufa kukaShaka.

Ukuze lesi singeniso sihlwabuse futhi kube
lula ukuqonda ngalo mdlalo, kubalulekile ukuba
sithi fahla fahla ngawo ngendlela yokunikeza
isifinyezo sawo. Ukwenza lokhu sizogxila emse-
benzini kaMathonsi (2006).

Lo mdlalo umayelana nokubulawa kwenkosi
uShaka, nokuyinkosi eyayinamandla ukudlula
wonke amakhosi akwaZulu ayeseke abusa nga-
phambilini. UZondi (1960) ongumbhali walo
mdlalo uthi nje eyiqala abe ehlala amagqoza
ngalokho okuhambisana nesihloko somdlalo

wakhe, Ukufa kukaShaka. Akapholisi maseko njengoba kwisigcawu sokuqala enkundleni yokuqala eveza uMkabayi, owabe engubabekazi kaShaka, noDingane bephezu kozungu loku- bulala uShaka (Ntshangase 2001). UDingane uba manqikanqika uma ecabanga ukuthi insila yenkosi, uJeqe wayezobe ekhona uma kwen- ziwa lowo monakalo. Ngaleyo ndlela ukubona lokho kungase kube yisithikamezo. UMkabayi njengomholi weNdlunkulu nguyena oway- engungqondongqondo etulweni lokubulawa kukaShaka. Nakube wayeyishoshozela kodwa lokho wayekwenza ngomshoshaphansi. Lokhu kuqinisekiswa yimbongi lapho ithi, "uSoqi- li-iqili lakwaHoshoza, elidl'umuntu limyenga ngendaba" (Canonici, 1994: 20). Ukugcizelela amazwi embongi, uZondi (2006: 31) embhal- weni wakhe abuka kuwo indlela abantu besilisa ababhala ngayo ngabantu besifazane, umchaza uMkabayi 'njengowesifazane owayethanda ukuphatha futhi enza izinto ngobuqili'. Nguye phela owayebeke uyise kaShaka uSenzangak- hona esihlalweni sobukhosi njengoba futhi kunguyena owayebeke noShaka esihlalweni sobukhosi.

UMkabayi wakwenza lokho ngoba efuna isizwe sizinze futhi sibuswe ngobuqotho (Msimang 1982), kodwa uShaka akafunanga ukumlalela uMkabayi uma ekhulumela isizwe

ngalokho esasingasajabule ngakho. Kafuphi
uMathonsi (2006) uveza lezi zizathu ezine
ezinqala ezenza uMkabayi ahlele ukubulawa
kukaShaka:

• Amabutho ayesekhathele yizimpi ezazinga-
pheli. Ayesefuna ukuganwa aqale imindeni
yawo esenamandla.

• Njengoba amabutho ayesezinqobile izitha
ezindaweni eziseduzane ayengasasiboni
isidingo sokudlulela ezindaweni ezikude
eyokwenza into efanayo. Ngaleyo ndlela
ayengahambisani nombono kaShaka wok-
wakha isiZwe esingaphansi koMbuso
wamaZulu sase-Afrika eseNingizimu.

• UShaka wayebusa ngesandla esiqinile futhi
sekuyinsakavukela umchilo wesidwaba uku-
bulawa kwabantu baphonselwe amanqe.
Lokho-ke abafowabo behlangene noMka-
bayi, babengahambisani nakho.

• Amacala asezinkantolo ayengahanjiswa
ngendlela. Kwakuwubala ukubulala abantu.
Ngisho nezangoma wayeseziqedile ezi-
bulala. Isibonelo yileso sikaNonkenkeza,
isangoma esasithembekile kuMkabayi nani-
kezela umyalelo wakuthi masibulawe nakuba
ayekwazi ukuthi yisangoma sikaMkabayi.

Nakuba kunjalo, naye uShaka wayenezakhe
izizathu ezaziphikisana nalezi zikaMkabayi

phakathi kwazo okungukuthi wayefuna ukwakha umbuso oqinile ohambisana nokuthobela izwi elingaphikiswa lenkosi, efuna ukuvikela amasiko esizwe ngokuqinisa amabautho ukuze angabi ngamagwala, futhi wayefuna isizwe esizokwazi ukuzimela singadlali abelungu. Ngaleyo ndlela wayefuna ukuqeda izangoma zamanga.

UMathonsi ukuthatha njengesehlo esibuhlungu nesinomunyu lokho okwehlela isizwe ngokukhothama kwenkosi, uShaka. Kodwa njengomhlaziyi ongachemile uphinde ajeqeze nhlangothi zonke ukuze aqhamuke nesisombululo esithembekile salokho okungaba yizizathu ezigxeka kumbe ezivuna ukubulawa kweNkosi. Kulezo ezikuvunayo ukubulawa kweNkosi, uMathonsi (2006) ubeka isizathu sokuthi inkolelo yoweLembe ukuthi yiyo eyayikhethwe ngamathongo ukubusa isizwe samaZulu, kwayenza yaqala ukuzithathela izinqumo ngezindaba zesizwe ngaphandle kokubonisana nababembekile. Ubona sengathi uShaka wakulibala ukuthi, 'umuntu ngumuntu ngabantu' wazibona esemkhulu kunabo bonke nokuyinto eyaholela ekutheni athathe izinqumo ezingaphusile nezamholela ophathe.

Kuzokhunjulwa ukuthi uMkabayi wayebukhali ngomqondo futhi wayetshathise uShaka umthwalo wokwakha umbuso wamaZulu. Lokho wayezokwenza ngokunqoba isizwe sakwaMthethwa noZwide nokwakuyoholela ekuzithatheni lezizwe zifakwe ngaphansi kombuso kaZulu. Ngaleyo ndlela umbuso wamaZulu wawuzoba ngonamandla kakhulu (Msimang 1982). Ngasohlangothini olumvunayo uShaka kulokho, ngempela wawakha lowo mbuso onamandla. Kodwa-ke okwase kubhekiwe kuye kwabe sekungukuzinziswa kombuso. Kepha uShaka wayengakadeli ngoba wayezibona engakafiki lapho ayefuna ukuwubona umbuso kaZulu ukhona. Yingakho-ke nje ayesafuna amabutho aqhubeke nokuhlasela izizwe ezikude ngendlela yokuzinqoba bese ezifaka ngaphansi kwakhe. UMathonsi uphinde akubone ukubulawa kukaShaka njengesehlo esibuhlungu nesasingafanele senzeke. Izizathu zalokho wukuthi uShaka wayenombono omkhulu kunalowo wokucabangela isizwe samaZulu sodwa, kepha ngokulwa izimpi wayefuna inkululeko yezizwe zonke eziNsundu ukuze izwe lingaweli ezandleni zabaMhlophe. KuMkabayi lowo mbono wawungazifaki ezinye izizwe. Ngaleyo ndlela uMsimang uthi lowo mbono wawuphambene nomgomo weNdlunkulu. NgokukaMkabayi, ngaleso sikhathi uShaka kwase kufanele azinzise umbuso wamaZulu. UMathonsi uyamsola uMkabayi njengoba emveza njengomuntu othatha umbuso njengento yomndeni kaSenzangakhona kuphela. Uyamncoma uShaka ngombono wakhe wokudlulela nakwezinye izizwe ezazibhekene nokuqhwagwa komhlaba wazo ngabelungu nazo ayefuna ziphume kuleyo ngcindezi.

Ezibongweni zikaShaka, imbongi imveza njengomuntu owayehlakaniphe ngempela njengoba imbongela kanje, "Ilemb' eleq' amany' amalembe ngokukhalipha". Kanjalo-ke uShaka wayazi ukuthi abafowabo bambambele igqubu mayelana nezinkinga ayenazo neNdlunkulu nokuthi babefuna ukumgudluza. Yingakho wabajuba ukuba bayolwa noSoshangane ngethemba lokuthi bazofike basale khona lapho. Kanti wayengabuzanga elangeni ngoba noMkabayi wayesezihlele kahle izinto nabantwana. Wayebayale ngokuba bashiye impi babuye ebusuku kungekho muntu bazosoconga) iNkosi. UShaka wabulawa ngabafowabo oDingane noMhlangana kanye nenduna yakhe uMbopha kaSithayi.

Kulo mdlalo uZondi uzibeka izigigaba ngendlela yokuthi umfundi azwelane noShaka ngenhloso yokuphebeza ubuKoloniyali eMzansi ne-Afrika. Kuze kube namhlanje ubuqhawe bukaShaka buseyinto okukhulunywa ngayo umhlaba wonke. Njengoba kwaziwa ukuthi uShaka wayezalelwe ekhaya, kepha akasivumelanga leso simo ukuba sithikameze ukuveza kwakhe ikhono lemvelo lokuhlabana ezimpini. Yikho lokho futhi okwamnikeza udumo ezizweni. Waqhubeka nalelo khono

waze wakha umbuso wamaZulu (Zulu king-
dom) onamandla nohlonishwa ezwenikazini
lonke lase-Afrika.

Insila yenkosi kwakungumuntu osondelene
ngendlela emangalisayo nenkosi. Kukhona
nezimfihlo abanye ababengazazi kepha yona
izazi. Yingakho-ke kubalulekile ukubuka ukuthi
uShaka wayengumuntu onjani ngeso likaJeqe
njengomuntu owayeyinsila yakhe. Ngesikhathi
esekhotheme uShaka wonke umuntu wayet-
hukile enokwesaba kwazise phela ukuthi lo
muntu owayelele phansi wayeyingwazi esa-
phila. Kepha kulowo mnyama uJeqe wasukuma
wakhuluma eveza ukuthi inkosi yakhe yayingu-
muntu omkhulu kangakanani. Simuzwa ethi:

Impela akusoka lingenasici; leli gazi elim-
pompozayo likhomba ukugqwala kwethusi,
ukubuna komthunzi, ukusha kwesiphethu
sobuzwe bukaZulu. Nakuba inkosi ibinolaka,
ingancengi, ingathetheleli, ikwazile ukumisa
umthetho, inhlonipho, ukuzibamba, ubu-
qhawe, nokuzithanda, konke lokhu okuzob-
huntsha (Mathonsi 2006: 93).

La mazwi atholakala kulo mdlalo aveza
ukuthi nakuba uShaka wayenamaphutha
kodwa wayenabo ubuntu ngoba wayekwazi
ukuthanda, futhi efuna kube khona ukwethem-
beka ezintweni eziningi.

UMathonsi ehlaziya lo mdlalo uzibuza
ngeqhaza labaphansi ekuphathweni kobukhosi

ngumuntu. Njengoba uShaka ayesesebenze kangaka akha umbuso wakwaZulu umbuzo omkhulu owokuthi abaphansi babesivumelelani lesi sihluku sokubulawa kukaShaka bebe bazi ngakho konke ayesekwenzele isizwe sikaZulu? Izitha zikaShaka esingabala kuzo labo abambulalayo, oMkabayi, noMhlangana noDingane babebona ukuthi usesenzele lukhulu isizwe uShaka kodwa bakhohlwa wukuthi kwakusekuningi futhi ayesazokwenza.

Umbono ophambanayo nongenhla yilowo othi abaphansi bavamise ukumelwa ngabantu abaphilayo futhi abasondelene nayo iNkosi ebusayo. Uma sihlaziya umbhalo kaMsimang singathi ababemele abaphansi ngesikhathi sikaShaka yilabo ababeyiNdlunkulu (Mkabayi, Dingane noMhlangana). Njengoba inkosi yaxabana neNdlunkulu nje, akukho okwakusangayilungela.

Lo mdlalo uveza isithombe esikhanya bha ngokwaba yimbangela yokuhlelwa kozungu lokuyisa uShaka kwelamathongo nokwaba yisehlo esisengumlando ezweni kuze kube namhlanje. Ukukhothama kweSilo kwashabalalisa iphupho laso lokwakha isiZwe esikhulu esingaphansi kombuso wamaZulu eNingizimu Afrika nasezwenikazi i-Afrika. Kuyavela ukuthi kwabakhona ukungaboni ngaso linye phakathi kwalabo ababeseduze neNkosi uShaka, abaseNdlunkulu ababeholwa ngubabekazi kaS-haka uMkabayi kaJama.

Efakazela lokho okushiwo nguMathonsi uMsimang naye uyacacisa ukuthi 'abanye abantu' okukhulunywa ngabo lapha yiNdlun-kulu yakwaZulu eyayiholwa ngubabekazi kaS-haka uMkabayi kaJama.

Kuyathokozisa-ke ukuthi ngokulandela imigomo yesiTatimende soHlelo lweZifundo lukaZwelonke (uTahfuzwe) ebangeni leshumi loLimi lwaseKhaya, uMnyango wezeMfundo yamaBanga aphansi ukubone kubalulekile ukuba lo mdlalo ukhethwe ukuba ufundwe ebangeni le-10, uLimi lwaseKhaya.

Lokho kuwubufakazi bokuthi umse-benzi wale ngwazi ungumnikelo ekwakhiweni kwesizwe.

Imithombo

Canonici, Noverino N. 1994. *Zulu Oral Poetry*. Durban: University of Natal.

Mathonsi, Nhlanhla N. 2006. 'Tragic Undertones in Elliot Zondi's *Ukufa KukaShaka* "The Death of Shaka" – 1960'. *South African Journal of African Languages* 26(2): 90–97.

Msimang, Christian Themba. 1982. *Buzani kuMkabayi*. Pretoria: De Jager Publishers.

Ntshangase, Dumisani A. 2001. 'A Critical Study of Elliot Zondi's Historical Dramas'. Master's dissertation, University of Natal, Pietermaritzburg.

Zondi, Elliot. 1960. *Ukufa kukaShaka*. Johannesburg: Witwatersrand University Press.

Zondi, Elliot. 1986. *Insumansumane*. Johannesburg: Witwatersrand University Press.

Zondi, Nompumelelo. 2006. 'Critiquing the Male Writing of Female Izibongo: A Feminist Approach'. *Agenda* 68: 30–38.

Introduction
Mpume Zondi
Translated by Njabulo Manyoni

Elliot Zondi was born on 9 April 1930 in Ngome, Greytown, South Africa. His primary education, during which time he lost his parents, was completed at a local school. His elder brother became his guardian and enrolled him at St Chads for Standards 8 and 9. Thereafter, he studied teaching at the same college. The Department of Education in Pietermaritzburg offered him a bursary to do matric at Inkamane High School; after matriculating, he obtained a bachelor of arts degree in public relations at the University of Fort Hare, and subsequently secured a teaching position at Mlazi Senior Secondary School, now known as Zwelethu High School. He did not remain there long, but started working for Unilever (formerly known as Lever Brothers) as a training officer in marketing; he was later promoted to principal training officer at the company.

He married MaKhumalo, a woman from the Mntungwa clan, and continued his studies, completing a diploma in human resources management through the University of South Africa, after which he was promoted to human resources manager at Unilever. Because he came into contact with people who spoke diverse African languages, he felt a need to know more about these languages. His company afforded him a year to study towards an honours degree, after which he enrolled for a master's degree in African languages at the University of Natal. In the 1980s he resigned from Unilever and took up a position in the Department of isiZulu at the University of Natal. This was where he worked until his retirement. When he passed away in 2005, he was in the process of writing a book titled *Isiziba Esinzonzo*, 'Deep River'.

Zondi wrote two dramas, *Ukufa kukaShaka* (1960) and *Insumansumane* (1986). The plays focus on two different periods in the history of the Zulu nation. The first is about the death of Shaka, the builder of the Zulu nation, who reigned from 1816 to 1828. The second play explores a historical event, the Bhambatha Rebellion of 1906 in which the British defeated an army of Zulu warriors. Both plays demonstrate the importance of negotiation among leaders, something that remains key in black nations even today.

Ukufa kukaShaka revolves around the plot
to kill Shaka, the most powerful Zulu king who
ever lived. In Act 1, Scene 1, Zondi immediate-
ly contextualises the title of the play by pre-
senting Mkabayi, Shaka's paternal aunt, and
Dingane, his half-brother, in the act of devising
a plan to kill him (Ntshangase 2001). Dingane
is initially apprehensive as he is aware that
Jeqe, Shaka's body servant, is always around
Shaka. Mkabayi, representing the Zulu royal
household, is the mastermind of the plot. In
order for the plan to succeed, she needs to con-
duct herself in a deceitful manner. That is why
an *imbongi*, a traditional bard, addresses her
thus:

> Father of Trickery,
> Cunning one of the Hoshoza people,
> Who destroys a person tempting him
>   with a story. (Canonici 1994: 20)

Elsewhere Mkabayi has been described as 'a
power-hungry and ferocious trickster in a male
realm' (Zondi 2006: 31). She was the one who
originally brought Senzangakhona (Shaka's
father) and Shaka himself to the throne. When
she appointed Shaka, she wanted influence
over him in order to achieve certain goals: she
wanted the nation to be ruled with a sense of
fairness and to establish itself as a remarkable

nation (Msimang 1982). However, she felt that somewhere along the way Shaka neglected to obey her dictates, and spoke on behalf of the nation (and the warriors in particular) about situations which gave rise to discontent. Nhlanhla Mathonsi (2006) highlights some of the main reasons why Mkabayi wanted Shaka killed:

- The warriors were tired of fighting endless wars. They wanted to start families while they could still bear children.
- Since the Zulu warriors had defeated neighbouring territories, they did not find it necessary to continue with battles in faraway regions. This meant that, unlike Shaka, they were against the broad vision of creating an even bigger Zulu empire which included every black person in South Africa.
- The nation felt that Shaka was ruling with an iron fist, and readily killed and fed the dead to vultures. Mkabayi and her brothers were against this.
- Court cases were not well managed, and people were too easily put to death. Shaka killed many diviners, including Nonkenkeza, a diviner in Mkabayi's service whom she adored.

Shaka had his own reasons for acting contrary to Mkabayi's directives. He wanted to build a strong Zulu empire that understood the king's word as final. He felt this was the best way to create strong warriors who could defend the kingdom against its enemies. He wanted the nation to be self-reliant and not depend on whites.

In Mathonsi's (2006) view, putting Shaka to death was a great tragedy. However, in an overview of the situation, he presents what he considers to have been reasons in support of, as well as against, the killing of Shaka. Shaka's belief that he was chosen by the ancestors to rule the nation resulted in pride, which to an extent made him too self-reliant. He accordingly took decisions without consulting those who had put him on the throne. He thought he was superior to those serving him, and this brought about his downfall. On the positive side, Shaka did expand the Zulu kingdom by defeating other clans, and he wanted to attack more clans further away from the Zulu kingdom with the intention of assimilating them as well. This is what Mathonsi considers to be Shaka's greater vision: it went beyond incorporating just the clans near the kingdom to include others, and so protect them from white colonialism. This was not a vision that Mkabayi entertained.

In *Ukufa kukaShaka*, Zondi depicts the series of events in a way that allows the reader to sympathise with Shaka for his aborted plan to fight impending colonialism. This is also why his prowess is extolled the world over until today. An illegitimate child, Shaka did not allow the circumstances in which he was born to make him deviate from his natural ability to win battles, which lies at the root of why he is so famous. He built a strong, unwavering Zulu kingdom which was respected on the entire African continent.

In the play, the king's body servant, Jeqe, is shown to be very close to the king; Shaka confides in him even about matters that no others can know. This is why it is crucial to view Shaka from Jeqe's perspective. Everybody is terrified by Shaka's death, but Jeqe, grieving over the king's corpse, bravely recalls his greatness and says:

> It's true that no man is without blemish: the blood that is oozing is an indication of a fading bronze iron, the weathering of a shade, the drying up of the fountain of Zuluness. Although the king has been short-tempered, not persuasive, and not forgiving, he managed the promulgation of laws, bringing about respect, self control, heroism and building self-esteem. All this is going to disappear. (Zondi 1970: 52)

These words confirm that Shaka was a good person even though, like any other human being, he had weaknesses. He retained a spirit of ubuntu which drove him to integrate other clans under his kingdom as a way of protecting them from the grip of white colonialism. In analysing Zondi's play, Mathonsi (2006) questions the role of the ancestors in the governance of the nation: why, in spite of Shaka's contribution to building the Zulu kingdom, did they permit his downfall? Shaka's enemies, including Mkabayi, Dingane and Mhlangano, were fully aware of this and forgot that he still had a lot to give to the kingdom.

Ukufa kukaShaka offers clarity about the causes of Shaka's death, a historical event commemorated even today. Shaka's death ended his dream of building a Zulu empire incorporating all black nations in South Africa. It is clear that when Shaka and his opponents were in disagreement, a lot of harm befell the nation. Literary scholars like Mathonsi (2006) and Themba Msimang (1982) see the role of Mkabayi and the Zulu royal household in the plot to kill Shaka as responsible for the eventual fate of the Zulu nation. Zondi's play continues to be read and studied today, demonstrating its relevance as an ongoing contribution to nation-building.

References
Canonici, Noverino N. 1994. *Zulu Oral Poetry.* Durban: University of Natal.

Mathonsi, Nhlanhla N. 2006. 'Tragic Undertones in Elliot Zondi's *Ukufa KukaShaka* "The Death of Shaka" - 1960'. *South African Journal of African Languages* 26(2): 90–97.

Msimang, Christian Themba. 1982. *Buzani kuMkabayi*. Pretoria: De Jager Publishers.

Ntshangase, Dumisani A. 2001. 'A Critical Study of Elliot Zondi's Historical Dramas'. Master's dissertation, University of Natal, Pietermaritzburg.

Zondi, Elliot. 1960. *Ukufa kukaShaka*. Johannesburg: Witwatersrand University Press.

Zondi, Elliot. 1970. *Ukufa kukaShaka (The Death of Shaka, a Zulu Play)*. Translated by Jonathan Mandlenkosi A. Sikakana. Johannesburg: Witwatersrand University Press.

Zondi, Elliot. 1986. *Insumansumane*. Johannesburg: Witwatersrand University Press.

Zondi, Nompumelelo. 2006. 'Critiquing the Male Writing of Female Izibongo: A Feminist Approach'. *Agenda* 68: 30–38.

Isishayelelo

UShaka nombuso wakhe imbokodo eseyigaye yaze yabushelelezi. Akukho umuntu ongase akusho kube kusha ngaye nawo, kungakhoke umuntu engeze akhathazeka ngokulanda indaba yakhe nawo, kodwa into engaze ihluphe ukuthi hleze umuntu angakwazi ukuyixoxa kabusha, ngamagama amnandi ayenza ithandeke.

Akekho ongaloba ngoShaka angantshontshi ezinkabini eseziwiswe ngabalobi abakhulu, bodumo, abakhona nabangasekho. Lokhu kwenzeka noma umuntu ebefuna ukuzilobela ngowakhe uShaka wamaphupho. Yonke imizamo esiyenzayo izinze kulesi sisekelo esihle sezingwazi zokuloba.

Ngithe nami ake ngithi fahla ngokulahlekelwa kwethu ngowcqhawe. Mhlawumbe akufanele ngithi salahlekelwa nguShaka ngoba lokho ngase kwenze umfundi acabange ukuthi lencwadi iyisililo somlobi. Kuhle umfundi azibonele yena ukuthi kufanele yini ukuba siyililele iNgonyama. Angisho kodwa ukuthi ukhona

ongafumana ijadu lapha, ngoba kithi nomtha-
kathi uyakhalelwa.

Ngibonga izingqwele ezingeluleke la nala-
phaya, zenza ukuba lo mdlalwana ube yilokhu
oyikho.

ELLIOT ZONDI

Inkundla Yokuqala

Isigcawu 1

(UMkabayi uhlezi noDingane elawini lakhe, izinduna ziphandle kodwa ziyawuhosha umoya.)

UMkabayi: Nkosi kaZulu yoselwa, alishoni elake labona izizwe zibhokodana ngemikhonto, kanti futhi ayikho inkosi engahlonishwa abantu bayo ngoba beyesaba, kepha kufanele bayikhonze ukuze kuthi noma zimbiwe insele bangawuhloleli umbuso wayo.

UDingane: Amanga Jama!

UMkabayi: Uyayibona Dingane imizi yezifunda ngezifunda iphenduka amanxiwa; uyasibona isizwe sakithi siphela: izintombi zijendeviswa, izinsizwa. zithenwa, amakhehla nezalukazi kuthiwa akuganane kuzale kwandise isizwe? Yeka ngekhaba lesizwe elicekelwa phansi kungakabikho mmbila kusezimpepha, amadoda nabafazi abathenelwa phansi. Amasimu Dingane aphenduka amafusi, izwe liphenduka ihlane, abantu sekuyizimamba nezilo. Nithule nithini Dingane? Ningamadoda ngoba nilengise amalengisi? Angiphenduk' indoda yini?

UDingane: Ungcede uthumela indlovu Jama.

UMkabayi: Alikho elinye ithuba ongathatha ngalo ubukhosi Dingane, uduze indlu kaZulu, uyenze incomeke nawe unethezeke.

UDingane: Jama!

UMkabayi: Sukujama Dingane; isilonda sika-Zulu siyabhibha, uZulu uselindele ihawu elisha. Zifudumele izandla oyokwemukelwa ngazo, libanzi iphiko engiyokwefukamela ngalo. Akukukhala lokhu, isililo.

UDingane: Ja... Ja... Ja...

UMkabayi: Ubani ongacwasa abaphansi angakuhloniphi? Ubani ongakumonazela wena angakuhloniphi? Lobu bunswelaboya Dingane buyashaqisa. Asimzondi obekwe abaphansi kodwa kuyisiphosiso ukubukela iqhude elithi ilanga liphumela ukuba lizwiwe likikiliga. Dingane!

(Asho aphonseke phandle.)

Isigcawu 2

(UJeqe umi esangweni ulindele izwi lenkosi.)

Inceku: Mfo kaButhelezi ithi inkosi ingakuzwa.

UJeqe: 'UNodumehlezi kaMenzi,

Inyon' edl' ezinye,

Ilembe eleqa amany' amalembe; Intaba lemah-
wanqa kaMjokwane Ebingadli nkomo,

Ebingadli mihlambi yezinyamazane; Idl' amap-
hiva namashongololo.

Uve olubomvu

Kanti lunhloko eluthuli, Seludlalela phezu
kukaSobhuza.'

UShaka: Uwe nebala. Jeqe, ngena.

UJeqe: Ngonyama! Ngizokubhekelwa ngubani
ngingazi noma umphumela wodaba ebingik-
hiphe ngalo ingonyama ufezeke ngakho yini?

UShaka: He-He-He! Wakhuluma Jeqe, ngena
ngizwe ukuthi ungigodleleni, gwala ndini.

UJeqe: Zul' eliphezulu, izikhali zami zisele
ebaThenjini, ngikhulekela ukuba iNgony-
ama ivele, ingibheke, ngife; awukho umnye-
zane oyodlula lowo.

UShaka: Uthini uJeqe mfowethu?

UDingane: Jama! Ayikho inja eluma isandla
esiyiphakelayo. Ithi ingwazi yakithi vela
ikukhethele, ikukhombise ukuthi izwi lakho
lifakeni esikhwapheni sayo. **(Baphume
beme phandle.)**

UJeqe: Nodumehlezi kaMenzi! Nakho
okuncane engikuphosa esivivaneni sezwe,
ngehlulekile baba, angizitholanga izinkabi
ezituluzelayo ongazisika izihlangu zisikeke,
labogondo yizona zinkabi zasebaThenjini.
Ndabezitha!

UShaka: Uma kuyimixhopho yasebaThenjini lena, kufanele kengithumele ibutho keliyongondlela khona. Uthini Dingane?

UDingane: Elakho lonke izwe Senzangakhona.

UShaka: Kade ngakubona Jeqe ukuthi uyindoda emadodeni.

UJeqe: Nkosi! Sikhonela wena. **(Bangene endlini.)**

UShaka: Awulande Jeqe.

UJeqe: Ndabezitha ! Emva kwezinsuku ezintathu safinyelela kwelabafokazana, saziqhuba izinkomo libalele nasebukhweni bezinja; sathi ngoba singalandelwa muntu ibanga elide sazikhohlisa ngokuthi lelizwe alinamadoda, lineminqolo; kanti, Nkosi, sizishaya ngemfe iphindiwe ngoba banele babona izihlangu zethu nomkhonto wethu owodwa, babona ukuthi uZulu, Bayihlomisa.

UShaka: Nibathathu nje?

UDingane: Wasibulala uJeqe **(esho ngenhliziyo).**

Ndaba ! Uthi abanini-zinkomo bahloma.

UJeqe: Yakhala ukukhala lokhu imbungu.

UShaka: Nenzenjani qhawe lakithi?

UJeqe: Sabona ukubhubha kwethu Nkosi.

UShaka: Nangenwa amanzi emadolweni?

UDingane: Jama, yayigane esokeni kuJeqe.

UJeqe: Uqedile owesilo engethole. Nkosi ngeke sizibonge thina, izinkomo lezi esiziphethe, na

manxeba esinawo, yikhona kuphela okosho
ukuthi kwenzekani lapho.

UShaka: Jeqe, mina ngifuna izinsizwa ezi-
fana nawe. Uma ngingazandisa kulelizwe
ngingaqotha imbokodo nesisekelo. Ngilapha
nje ngizomisa umbuso kaZulu. Ngithanda
njengoba sengiqalile nje, ukuba ngibumbe
umuntu omnyama abe munye.

Bobabili: Silo!

UShaka: Ngokubambana zisingathane, izizwe
ezincane ziyama; ngobhici nokungezwani,
ezinkulu ziyawa. Baphi oZwide? Baphi
oPhakathwayo?

UDingane: Umbango, Silo, usuka emlotheni.

UShaka: Uqinisile Dingane; kungakho phela
ngingafuni ndodana nje. Futhi kungakho
ngithi angiziqothe zonke izizwana engizihla-
selayo, ngizidle ngishiye uthimbazana lona
ngizolubumba luseva.

UJeqe: Kodwa, Silo, uthi awusulishakazise
kakhulu izwe, kangangoba ngase kubeluk-
huni ukulihlanganisa futhi?

UDingane: Wangephuca emonyeni Jeqe?

UShaka: Angikalishakazisi, ngisazolishuku-
meza ukuze ngilikhulule ebugqilini bovalo
nasovalweni lobugqila. Uma abathunjwa
sebephansi kwephiko lami, kufanele bazi
ukuthi akukho okuyobathinta; yinhloso
yabaphansi leyo okufanele ichunyiswe.

Ukuze inkululeko ime kufanele ngiqede ubuthakathi, ubusela, amanga, kanye nawo onke lamakhosana abantu bawo bedlela egilweni nina nizothi lokhu kuqeda uZulu, nilibale ukuthi uZulu ubuhle bodwa.

UDingane: Amanga Silo!

UShaka: Akusizi, madoda, ukungivumela ngoba nithenga amehlo ami. Ngiphikiseni.

Bobabili: Ngonyama!

UShaka: Kusasa ngiyoba nani kwelamathongo.

Bobabili: Zul' eliphezulu!

UShaka: Mfowethu, nawe Jeqe, ngizonikhumbuza ukuthi isizwe esinevuso sifana nomzimba obuthakathaka odinga ukubuyiselwa ebuzimbeni bawo ngemitshopo ebuhlungu, ngemithi ebabayo, ngezinhlanga ezijulile. nangalo lonke ulaka lwezinyanga. Isizwe sami siyagula, mina ngiyinyanga yaso. Siyoze siphile, uma singaphili, nango mina; lomhlaba ohlabayo owezihlanhlu kuphela. Siyobonana mfowethu nawe Jeqe.

Bobabili: Sishaka! **(baphume)**

UDingane: Sezinobusi Jeqe.

UJeqe: Asiqedi mbantshi kujiya.

UShaka: **(Eseyedwa)** Uthini uDingane uma ethi 'umbango usuk' emlotheni,' ngabe usho ukuthi nakuba ngingenankosana bakhona abayodla ifa lami nabangahle bangigudluze? Abafowethu, ngaphandle kukaMpande, abasemnandi neze. Alikho iqili elazikhotha emhlane; bazohola izimpi ngezimpi ukuze bafe ngingangcolisanga igazi lami ngelaboselwa. Uve luzodla isisila salo.

Isigcawu 3

(Usethi uJeqe esakhuluma nogqayinyanga sekuqhamuka uMkabayi bengamlindele, sebewa ngamadolo.)

Bobabili: UyiZulu!

UShaka: (esendlini) Iyiphi lenkosi ekhonkothwa ezikaShaka?

UMkabayi: Sishaka kasishayeki!

UShaka: Ngakhulekelwa iNgobamakhosi?

(esholo phansi)

UMkabayi: Akekho yini lomfana? Ngakhuleka kwaze kwasha amathe?

UShaka: Hawu, uwe Baba? Ngena. **(angene)**

UMkabayi: Ngakufica kahle Shaka uwedwa.

UShaka: Angingedwa Baba.

UMkabayi: Unobani?

UShaka: Nginesizwe sonke Jama uma nginawe. Kodwa kwenzenjani ngahanjelwa abaphansi?

UMkabayi: Baningi abanenhlanhla yokuthola izeluleko kodwa amaqili odwa azuzayo ngazo.

UShaka: Amaqili, Jama, abantu abadala abeluleka izinto ezabehlula ebusheni babo.

UMkabayi: Cha, ndodana, into enhle inhle noma umuntu ehluleka ukuyenza.

UShaka: Pho, ubuthini Jama?

U:Mkabayi: Lapha ngikhalelwa uNonkenkeza.

UShaka: Angakhala igazi, umthakathi akaphili kwelami.

UMkabayi: Ungangephuli ulimi Shaka; uNonkenkeza akakhali ngoba esaba ukufa, ushweleza ngoba ukufa kwakhe efela ize kuyogubaza isithunzi sakho Nkosi yakhe; inkosi, inkosi ngoba ikhonziwe, yethenjwa; awufuneki umlanga ehlweni layo.

UShaka: Anginkosi yakho wena Mkabayi?

UMkabayi: Uyinkosi yami kuphela uma amanqe edla abantu abamacala abo equlwe kwagcula izitha nabangani.

UShaka: Uthi mncane lomuthi otholakale etshwaleni bukaNonkenkeza?

UMkabayi: Okusemqoka, Nkosi, akusikho ukuthi ubuthi butholakale etshwaleni bukaNonkenkeza.

UShaka: Uma kungelokho, yini Nkosi?

UMkabayi: Mntanami angisiyo inkosi, kodwa ngithanda ukukweluleka ngento engase igubaze umbuso wakho.

UShaka: He-!

UMkabayi: Mntanami, umbonile uNonkenkeza efaka lobuthi etshwaleni?

UShaka: Buzifakile!

UMkabayi: Uma ebufakile, bungumuthi obulalayo yini?

UShaka: Umuthi ngumuthi.

UMkabayi: Ubengabuphuzi yini utshwala lobo?

UShaka: Uma ebebeka umlomo?

UMkabayi: Ngiphendule mntanami.

UShaka: Uma usuqedile, ngingajabula ukuba ke ngisale ngedwangininge ngabantu bami nezinto ezibahluphayo.

UMkabayi: Ngeke ngikushiye ezibini ndodana.

UShaka: Ngazalelwa kuzo, ngofela kuzo.

UMkabayi: Kodwa uNonkenkeza uyezwana nalezi zinduna ezimothile? Angithi izolo lokhu ubefuna ukulwa nezinye izinduna ngakho ukungezwani?

UShaka: Usuqedile?

UMkabayi: Lowo onquma icala oboshiwe enganikwanga ithuba lokuziphendulela, ngeke abizwe ngomahluleli oqotho. Elami lokugcina: 'Umbango usuka emlotheni.' **(aphume)**

UShaka: (esele yedwa) Khona manje uDingane uthe 'ithumba lisuka ngaphakathi,' uMkabayi useyangisongela. Konje ngabe sengithe ngokulungisa ngazithela isisila? Yiz' uvalo, inqobo isibindi. Kwamiswa abaphansi, ngeke ngiphambuke ezwini lokhokho. Noma kunganqunyiswa izintaba zonke

phambi kwami, noma ulwandle lukaMvelin-
qangi lungema phambi kwami, ngiyowumisa
umbuso kaZulu. Ngizoma noma ngiwe nge-
zwi loJama.

Inkundla Yesibili

Isigcawu 1

(lnkosi ibithumele izwi ukuthi uDingane noMhlangana noJeqe noMbopha beze kuyo.)

UShaka: Niphelele nje?

UMbopha: Ngeke Silo, owesilo omncane akaka fiki. Nangu engena Nkosi.

UShaka: Anisakwazi ukukhonza Mhlangana, ngithi nginibizile nizinwabulukele nje.

UMhlangana: Ndabezitha, ngithe ngidlula lapha kubabekazi wangibiza.

UShaka: Esayokunika izeluleko?

UMhlangana: Shwele Ngonyama.

UShaka: Bafowethu, nani zinduna zami, ububi benu sebubonwe ilanga, nithi anginenzenjani?

UDingane: Si-si-si.

UMhlangana: E-e-e.

UMbopha: Sikhona ngentando yakho 'Nkom' ekhal' eMthonjaneni.'

UJeqe: Elethu Ngonyama.

UShaka: Izwi likaShaka izwi likaMvelinqangi, yilona elithe anginibize ngizovivinya ubudoda benu, yilona elithi ngigodle amagwala okufanele lithi lidliwa zizenze bese ehanjwe zintuthane.

Akukhofu elengame umbuso wami, yinina kuphela; ngaphandle kwenu ukhululekile; njengayo yonke imibuso ekhululekile umelwe ukwandiswa nokubethelelwa. Ukuze wande, kufanele sinqobe onke lamakhosana esakhelene nawo. Ngikhuluma nje akusehli nokudla kuwo, mhlawumbe amanye awo acabanga ukuthi siwayeke ngoba siwesaba. Kuhle lamakhosi siwabeke endaweni yawo, siwakhombise ukuthi alingana nawe Dingane, nawe Mhlangana, nawe Jeqe, nawe Mbopha, hayi noShaka.

Bonke: Ndabezitha!

UShaka: Futhi uma sesiwanqobile sizothola ithuba lokuwanikeza iklwa elilodwa. Akulungile ukuthi sesikhanyisiwe sibukele abantu bakithi nomnyama: bathakathane, bahlebane, bazondane, bangabekelani lunyawo. Kufanele babe phansi kwami, mina ngibe siziko sokudlelana kwabo.

Bonke: Ngonyama!

UShaka: Sizothi singalinqoba lonke izwe iphele imincele exabanisa abantu; phela iyona ebangwayo; namhlanje uwufica lapha,

kusasa uwufice laphaya, kanti futhi lamak-
hosana athi ngobuncane bawo ahluleke
ukuqaphela imincele yawo athe ngomgolo
wawo ayisika kabanzi.

Bonke: Silo!

UShaka: Ngendalo bonke abantu bagolela kwe-
zabo, lowo nalowo ufuna okukomunye ukuze
abemkhulu kunaye. Leli wozawoza lobuk-
hulu lidinga ukugutshazwa, bonke abantu
balingane, bakhonze uShaka. Ngizobagoba.
Lombuso omkhulu uzokwenza zonke izitha
ezingaphandle nezingaphakathi zingakwazi
ukusidunga; kungabikho mbuso obangwayo.
Nithini?

UMhlangana: Silo, akungikhanyeli ukuthi
ukuthula singakuthola kanjani lapho sese-
mukwe amandla namalungelo esinawo
ngemvelo: ukuganwa uma umuntu ezwa
ethanda
esenezinkomo. Inhloso yethu sonke njengoba
usushilo ukugodla esinako nokuthola okusha
esingenako, lombuso esiwuhalelayo thina
Zulu sengathi awuvumelani nalokho.

UJeqe: Ake ngimphendule Nkosi?

UShaka: Landa Jeq' onjengempisi.

UJeqe: Zul' eliphezulu, lokhu akusho ukuthi la
makhosi nabantu bawo azokwemukwa onke
amalungelo asale eze, kodwa iNgonyama
izothatha lawomalungelo namandla afanele
ukuthathwa, ishiye lawo afanele ukusala

ukuze angabibikho ophuma ngokungem-
thetho phansi kwephiko longathethimanga.

UMbopha: Uma isilo sisho njengoba usho
nje Jeqe, kudingeka ngani ukuba umuntu
aqhutshwe ngemikhonto uma eyiswa entand-
weni yakhe?

UDingane: Libuze uliphinde lelo Mbopha,
ngoba thina sazi ukuthi uthuli lusuka othu-
lini; uma into yenziwa ngoxolo igcina ngalo,
kanti impi yenza izinhliziyo zabantu zihlale
zingamahlule.

UShaka: Umnoyi akuyo indlovu; uShaka aka-
buboni bonke lobu bunzima. Enibubalayo-
kuzolala izindwane uma izwi lami lizama
ukubuya lilambatha. Engikushilo ngikushilo.

Bonke: Bayede!

UShaka: Inkululeko isikhandanisile; ngeke ize
kithi, ithina esiyoya kuyona.

Bonke: Izihlangu sezinikwe onina Zul'
eliphezulu.

UShaka: Ngifuna ibutho lamakhehla engizolit-
humela esigodini sikaMjojeni wakwaNgcobo
engizwa kuthiwa ufuye izinco nezinco-
kazi zekhethelo engingathanda ukuzisika
amahawu ebutho lami elisha elizobuthwa
ekwindla. Lomfo ivaka elikhulu, ngakhoke
lelibutho lilungile. Ngifuna izinsizwa ezine
ezizohamba nalo. Wena Dingane uyokuma
ophondweni lwesokuphonsa, uMhlanigana
ame kwelokukhohlwa, bese kuthi uJeqe

noMbopha beme esifubeni sayo. Izinkomo lezo ngizifuna lapha. Impi niyoyikhipha kusasa. Ntambama iyochelwa isanusi sami esikhulu.

Bonke: Ngonyama! **(baphume)**

UDingane: Madoda, niyayibona lento esiyenziwa inkosi?

Bonke: Yiphi?

UDingane: Kungashiwo kanjani ukuthi asiphume nempi yamatakabezi siyolwa nengwazi efana noMjojeni?

UMhlangana: Lelibutho seliphuma okokugcina, thina sesipheleka lona.

UJeqe: Ingqwele ayiyidli imifino, idla ubhedu.

UDingane: wazithela ngabandayo Mbopha?

UMbopha: Inkosi, inkosi ngami.

UDingane: Kulungile madoda siyobonana kusasa.

(behlukane)

Isigcawu 2

(UMkabayi aphinde afice uShaka elawini lakhe.)

UMkabayi: Sishaka !

UShaka: Ngena Baba.

UMkabayi: Lokhu sabulala inkonyane, sizokwenzenjani wena?

UShaka: Ngiyithole nje singangenzani? Kufanele ukuba umuntu ophethe izwe ake ahlale yedwa ukuze athi engathikamezwa muntu akathathe ukhamba azibuke izici, bangathi abantu sebezibona bezikhomba ethuke.

UMkabayi: Kanti nebhubesi like lesabe izimpukane?

UShaka: Angithi nithi izwe lifa ngezimpofana?

UMkabayi: Lisho ulinambithe lelo.

UShaka: Phela ilokhu wangithethisa kuthangi, bele ngicabanga ngecala likaNonkenkeza.

UMkabayi: Wakubona lokhu engangikusho?

UShaka: Ngakubona khona kuqala, kodwa ngadinwa ukukuphendula ngoba ngazi ukuthi wena ukhulunyiswa ukungazi ukuthi yini engihluphayo emqondweni wami.

UMkabayi: Umbuso wakho uzinzephi? Lenkinga ayihluphi mina ngedwa, futhi iyona engibona ukuthi uma ungayiqikelele ingase iwuhlikize umbuso wakho. Uyakwazi khona lokhu kuhlakazeka? Leso naleso sizwe osisingethe siyothi galo yephuka sibange ebumnyameni osusephule kubo.

UShaka: Ukwehlulela isipho esenqabile esisithola kuMvelinqangi; bayingcosana abanaso kangangoba umuntu angaze alikhiphe athi akufanele abantu bajeziswe uma bonile.

UMkabayi: We! zingalunga yini izingane uma zingasalutholi uswazi?

UShaka: Kanti nifunani nina?

UMkabayi: Thina sifuna umuntu ehlulelwe eneliswe.

UShaka: Asithi-ke lomuntu noma lababantu abahlulelayo banikwe umuntu wesifazane noma osemncane ofanele ukwehlulelwa.: Kungenzeke yini ukuthi bamzwele lomuntu, babe nesihe bese bemxolela, noma bathi nje ukumshaya ngoswazi oluncane bese bemdedela? Singathi lowomuntu ujezile? Khumbula ukuthi isihe aseshelwa.

UMkabayi: Ngabe akundoda leyo.

UShaka: UShaka akandoda? Izolo lokhu benithi mina nginenhliziyo yomthakathi. Futhi kungenzeke yini athi umuntu one kancane nje aqondane nomahluleli ononya, omzondayo noma ocasulwe into ethile ngaphambi kokuthetha lelo cala, bese emjezisa kanzima ngokungafanele?

UMkabayi: Umehluleli ufanele abe ngumuntu ongenanxa namuntu.

UShaka: Uqedile uma uthi *ufanele*, akanjalo. Nango-ke umuntu wethu kuthethwa icala lakhe esethi uyaziphendulela kufinyaniseke ebhinca ibheshu elihlanekezela kanti wehlulelwa amaciko. Limlahle icala kanti empeleni kanacala, uzothini-ke wena?

UMkabayi: Kungenzeka lokho?

UShaka: Indlela ibuzwa kwabaphambili. Uma ke sekwenzeka ngebhaqo umuntu abulale omunye, kuthi ngoba uyingcweti

yokukhuluma bese ehlula abehluleli abanga-
mabhimbi, kuthiweni ngalokho? Athathwe
lowo muntu enziwe umehluleli?

UMkabayi: Cha, ngeke ngisho njalo.

UShaka: Uzothini?

UMkabayi: Ngiyabubona ubunzima.

UShaka: Njengoba niyakhala uma ngibulala
izigcwelegcwele, amasela, nabathakathi,
nithi abajeziswe kanjani abantu? Uma
ungambulali umthakathi angayeka kanjani
ukubulala abantu? Uma isela ulibiza ngesela
lingayeka yini ukweba?

UMkabayi: Inyathi yehlulwa ithole.

UShaka: Mina ngihlale kakhulu noDingis-
wayo owazama ukwakha ibandla lokuqula
amacala, kodwa kwangikhanyela ukuthi
inzondo, isihe, ububhimbi, ubuciko, uku-
zalana nokunjalo, kwenza ukwahlulela kun-
gahambi ngendlela. Mina ngibona ukuthi
izigangi zifanele ukugwiya kanye; futhi
ngoba alikho icala elincane kufanele zonke
izelelesi zihambe ngandlela yinye ziyohlupha
enxenye.

UMkabayi: Azipheli izigangi.

UShaka: Uma zingapheli, akusho ukuthi
ikhambi lami liyehluleka,
kusho ukuthi impethu ikumuntu noma impethu
ngumuntu.

Futhi ububi buyasimama, abuqothi.

UMkabayi: Nokho-ke zibambe mntanami.

UShaka: Kusasa bese nithi izwe ngabe lalunga ukuba mina angiyekethisanga?

UMkabayi: Angize kukuqulisa macala ndodana, ngithe angidlule ngaphambi kokuyobona abantwana.

UShaka: Ucolile wadlula Jama angaze yena eze ngapha.

UMkabayi: Ume ndodana. **(aphume)**

Isigcawu 3

(Emnyango weqhugwana Ienkosi)
UHlambamanzi: Siyabonana wethu.

Inceku: Eshe wakithi. Pho kuqhanyukwa ngaphi?

UHlambamanzi: Ngiphuma kulawa madlangala asesangweni, ngizobona inkosi.

Inceku: Uyaphi? Ungubani wena?

UHlambamanzi: Ungubani wena ongibuza lokho?

Inceku: Kanti ubani obuza indlela?

UHlambamanzi: Ngilihumusha lenkosi.

Inceku: Ho, uwe lona ohamba nabeLungu? Ikhona inkosi, khuleka ungene.

UHlambamanzi: Nkom' ekhal' eMthonjaneni!

UShaka: Ngena mholi wezethekeli.

UHlambamanzi: Ndabezitha!

UShaka: Wemukela kangaka mfo wasezizweni? Bese ngithi sewemuka ngendle njengaleya ndoda engathi ayingiphe umuthi yanginika

leziya zinkotshana eyanele yazigwinya yas-
haya utshani. Phela ngiyabona yaxakwa isiko
lakithi elithi inyanga ayimkhothisi umuntu
umuthi ingakawukhothi yona.

UHlambamanzi: Nkosi, wemuka yena
ngoba eyinyanga, mina ngiyisiguli sakho,
Ngonyama.

UShaka: Bathini abafana basolwandle?

UHlambamanzi: Nkosi, basakhala njalo nge-
sicelo sabo sezwe.

UShaka: Angithi baphansi kwami njengoba
belapha nje?

UHlambamanzi: Ndabezitha!

UShaka: Pho bafuna izwe lani? Kanti bona
esifundeni sakubo yilowo nalowo unezwe
lakhe?

UHlambamanzi: Nkosi, umhlaba izihlanhlu
nezixhwala.

UShaka: Niyawubona umbuso wasemanzini?
Owezigameko.

Ngavela ngawabona lamadoda athi aphuma
olwandle ukuthi akhuluma insumo, akukho
mbuso, zambiwa insele yazishiya; yilowo
nalowo mlungu uyinkosi ngokwakhe lento
esizama ukuyiqeda thina lapha.

UHlambamanzi: Nkosi, ingwe yakithi ayi-
fani neyaphesheya.

UShaka: Thina sithi izwe elami lonke, lilinywa
abantu bami kuphela, uma ngihlulwa enye
inkosi...

UHlambamanzi: Okungeze kwenzeka, Nkosi.

UShaka: Ilithatha lonke kube elayo kuphela. Uma abeLungu bezimisele ukukhonza kimi bazozilimela ngokuthanda lapha ezweni lami, kodwa uma bethi bafuna elabo bodwa, ngingeze ngabanika ngisho elincane ngoba lokho kungasho ukuthi isizwe sami esingaka silingana naleli dlanzana labo okungeze kwanambitheka neze izinkunzi ezimbili ngeze zahlala esibayeni esisodwa kanti futhi uma zisezibayeni ezisondelene, ishashalazi elizehlukanisile ligcina lizihlanganisile. Izimpi lezi ezingaka phakathi kwamakhosana esakhelene nawo zisuswa yileso simo; akungoba uZulu ethokoziswa igazi. Ngiyabezwela abamhlophe, ngiyazi ukuthi kubuhlungu kanjani ukufakwa isisinga usumdala. Ubazise ukuthi uma kukhona okubahluphayo bangazise. Ubazise futhi ukuthi baze bangihambele uma benethuba, ngikhona kulezi zinsukwana, angiphumi nezimpi.

UHlambamanzi: Ume njalo Nkosi yamaZulu.

(aphume)

UShaka: Uthi ngiyinkosi yamaZulu, ayi yakhe? Ngiyoke ngithumele amabutho ami ngakubo akayobakhethela.

Inceku: Ndabezitha !

UShaka: Ngena, ha! Usungilethele ukudla?

Inceku: Zul' eliphezulu, isilo ake siziphu-
lule amadevu ngaphambi kokuba silalele
ezimnandi eziza noJeqe.

UShaka: Baphi?

Inceku: Izinhlabamkhosi zibakhomba bude-
buduze.

UShaka: Kulungile.

Inceku: Silo! **(aphume)**

UShaka: Babuye bephelele?

Inkundla Yesithathu

Isigcawu 1

(lmpi ingene seyilele inkosi; ibutho lingene emadlangaleni alo lilale, abantwana nabo bayengemi godi yabo. Kuthi engakazumeki uDingane ezwe)

UMkabayi: Dingane! Dingane! Dingane! **(ehleba)**

UGqayipyanga: Zibike khona-manje.

UMkabayi: OkaJama.

UGqayinyanga: Nxephepha wena weSilo.

UMkabayi: Dingane! Dingane! **(esefudumele)**

UDingane: Ubani lowo?

UMkabayi: Vuka uvule! Ubani? Kogonywa amakhosi yini lapha?

UDingane: Ngena Jama, bengingezwa ngenxa yobuthongo.

UMkabayi: Dingane!

UDingane: Jama!

UMkabayi: Ulele obunjani ubuthongo lobu obungaqedwa nawuvalo lokufa? Yini

engakuswabulukisa Dingane? Akubona
ubuthongo lobu, ukufa kwempela. Awuzizwa
usuqoshanyisiwe? Awusizwa nesikhumba
senkomo sikubandisa ngegazi? Limnandi
lelithuna okulo. Mhlawumbe awulizwa
ukhohliswa yilababantu onabo ucabanga
ukuthi usaphila; usufile, Dingane, awulele.

UDingane: Kwenzenjani Jama?

UMkabayi; Uthi kwenzenjani? Ubungat-
hunyiwe yini ukuyoshaya izinkomo zenkosi
ezizosikwa amahawu, wathi ngokuzibona
ubuhle wacabanga ngesakho isisu, ngawakho
amehlo nangolwakho udumo, wazigodla
waqoma ukuyolala ezintabeni lapho uthe
uyabaleka wazithela ezincelebaneni zenkosi?

UDingane: Angizwa Jama?

UMkabayi: Awuzwa ngakhona Dingane, le
michilo ekubophe izandla nezinyawo yaku-
bophela ezimpundwini, ikubophele ukuba
ungakwazi ukuzibalekela lezizinkomo ezi-
kukhandayo. Hawu, zakunyathela mnta-
nomfowethu, wafa kabuhlungu, aphuma
amehlo, kwachitheka ubuchopho, kwajo-
buleka amathumbu, wayinhlama hawu,
kwaphela okwakho. Ngeke sikungcwabe
nakukungcwaba ngoba usufana nomquba.

(ethuke uDingane) Uyethuka?

UDingane: Angikezwa Baba.

UMkabayi: Nanti iklwa likugwaza!

UDingane: We!

UMkabayi: Uyakhala mfazindini? Ukuba ubuwazi ukuthi ingozi ocaca kuyo ingakanani, ubungelale kangaka. Akukho lutho olukuthintayo? Impela ukufa ubuthongo; mhlawumbe uma ubhekile uzikhohlisa ngokuthi uphephile, ubona abantu bekukhohlisa bethi 'Mntwana'. Abaphansi bakubhekile, kodwa uma ungenzi mzamo wokuzisindisa, nabo bayohlanza ngedela. Lala ke Dingane ucabange ukuthi ukuphila kufana nokugwiya.

UDingane: Ngibulawa ngubani?

UMkabayi: Uvelaphi ukhathele njena?

UDingane: Ngeke angibulale owakwethu.

UMkabayi: Usendo lwake lwasendana Dingane? Awuve uyisiwula. Ubenganithumela empini namaxhegu uma ubefisa niphile?

UDingane: Ukusuka nokuhlala kwethu kusingethwe oweZulu.

UMkabayi: Anikushayi mkhuba ukufa Dingane? Ngake ngazibona iziduli ezifana nani? Ngisho nezinkomo Dingane, ziyakuzwa ukufa uma kuza, ziphenduke izinhlanya, zihlahle amehlo, zibe midlwembe. Nina?

UDingane: Njengoba usho nje Baba, ingozi esengeme sengiyayibona; besisambona ubuntu oweZulu efa lapha sifa khona.

UMkabayi: Ubuntu! ubuntu! Lapho lungekho uthando nozwela, lapho umuntu ebeka ubuyena phambili, buwukufa; yena uShaka uthi uhlakaniphile ngaphezu kobabamkhulu, kobaba, kukaDingane. Angaze azishaye uMvelinqangi afune ukuthuba awakhe odwa amathe, ngani?

UDingane: Elakho elami Jama.

UMkabayi: Libunjwa liseva Dingane, uma undonda ukusuka

uyofa uyisiphunzi njengomuthi onqunyiwe.

UDingane: Ngigalele entandweni yesizwe sonke ngingasithunuki! Ngizimbele ithuna elimnyama, iliba elingeke likhothwe amadlozi?

UMkabayi: Uthando Dingane aluboni; uma ususa isithandwa kungene wena esikhundleni saso, aluhlehli alunciphi. Akusoka lingenasici; kangakanani-ke uma ukhulule abantu ovalweni lokufa, ususe ifu elimnyama elibengeme?

UDingane: Hi!

UMkabayi: Uyindoda Dingane, uwena ongacebisana nobathembayo. Uthathe bona oMbopha noMhlangana, ngoba nakuba bezinsikiza nensika, kulula ukubehlukanisa uma uvuka kulesisithongo. Ngikushiya nalelo Dingane.

(aphume)

UDingane: Hawu ngazobulawa okaJama, wangibophela itshe wangiphonsa esizibeni; uze wakhetha mina kubo bonke aboselwa ngani? Wafa Dingane, wafa ungasadlanga nezinyoni zabantabakho. Mhlawumbe ngiqokwe abaphansi ukuba ngilethe lenguquko athi uMkabayi iyadingeka. Kepha ukuhlela uhlelo oluhlelwe iminyaka eminingi ngelanga elilodwa nokuguqula uthando lweminyaka ngomzuzu, kufana nokuthi inkomo ayizale umuntu. Lento futhi umuntu angeze ayenza yedwa. Kufuneka umuntu atholane noMhlangana, injobo kaShaka; noMbopha, ibheshu likaShaka; noJeqe, isinene sikaShaka; nesizwe sonke angaconsi kuso uShaka. Bonke lababantu bayokhonjiswa kanjani ukuthi uShaka ufanele ukufa? Yek' umuntu esegwinya itshe, uyaligwinya usefica itane esikhundleni sezinyosi. Kodwa ngoba kusho okade ebona, kufanele umuntu abambe umoya, aphefumule selidume ledlula.

Izwi: Nampo ubukhosi Dingane, bucoshe.
(alale)

Isigcawu 2

(Ekuseni bafike oMbopha noJeqe noDingane noMhlangana sebezobika kuShaka ngohambo lwabo.)

UMbopha: 'Teku lwabafazi bakwaNomgabi
Betekula behlezi emlovini, Bethi uShaka akayikubusa, kakubankosi

Kanti ilapho ezonethezeka !'

UShaka: Hawu, Mbopha, ngingavuba ngani? Ngenani.

Bonke: Ndabezitha!

UShaka: Angilalanga izolo ngoba bese ngizwile ukuthi senibonakele niza, selokhu ngilangazele ukuzwa ukuthi nihambe kanjani, ikakhulukazi ngoba nakhu nisheshe naphenduka.

UMbopha: Zul' eliphezulu, sibuya nazo izinkomo zekhethelo.

UShaka: Wayiqala emsileni indaba Mbopha?

UMbopha: Isiphelile Silo.

UJeqe: Kunjalo, Nkosi.

Abantwana: Elethu Jama.

UShaka: Nanginika ibhakubha nadla ubhedu madoda, kungoba ngiyivaka yini mina?

UMbopha: Sithe uma sithi thu kwesikaMjojeni sahlangatshezwa inkosi uqobo lwayo igaqa ngamadolo ilandelwa isifazane sihlubule, bezokha lela izwe nabantababo.

UShaka: Yini le engiyizwayo? Nase nibagwaza njalo?

UDigane: Phinde, Nkosi.

UShaka: Namyeka uMjojeni esenivezele ikhwapha?

UJeqe: UShaka akaligwazi ibhece.

UMhlangana: Ngabe sibagwazile uma beze kithi bebhulela nje, pho basikhombise ezekhethelo zimi ngothi lwazo, bathi asithathe zona nobukhosi bezwe sishiye izidumbu zabo zisale zidumisa ubukhosi bakho.

UShaka: Ayi-ke, niziphathise okwamaqhawe anazitika ngabantu bengahlomile. Kuyinto enhle kakhulu ukuba umusa ubuyiselwe ngomusa, njengoba neva likhishwa ngelinye. Niyakubona lokhu ebengide ngikusho? Ngenxa yamandla esesiwatholile akusekho gazi elizochitheka; onke amakhosana esakhelene nawo asebonile ukuthi kuyinto enhle ukuba abe phansi kwenkosi eyodwa enamandla, uShaka. Lonke leligazi eselichithekile, alichithekile, ligeze imiqondo yabantu babona ukuthi ukubambana ngezandla kusemqoka. Aniboni madoda senisebenzile. Ukube anisukumanga ngabe asesidla amajwabu! Umsebenzi wethu esimiselwe wona abaphansi usuzofezeka; sekusele kancane impela; kuzothi uma amaseko eseyholile nginikhiphe futhi niyohlola ukuthi uSoshangane welamani lapho ekhona. Naye ngiyethemba ukuthi usezwile ngami nokuthi useyihogele inhloso yami. Niyohamba nodwa ngoba mina angifuni ukuphoziswa, ngidela ngizizwele ngeklwa.

UDingane: Impela oweSilo sekufanele ahlale phansi manje athi qhude manikiniki, usesikhombise sabona ukuthi kufanele silwe kanjani.

UShaka: Uthini umfowethu madoda?

UJeqe: Elethu lelo Nkosi, akukuhle inkosi yezwe lonke iliphuma ixoshana nezimaku zayo; kufanele iziphonsele ithambo, ikhwele egqumeni ibukele.

UShaka: Hayi, siyobonana. Siyobonana ngomhlomunye ngaphambi kokuba sihlasele uSoshangane.

Bonke: Bayede! **(baphume)**

Isigcawu 3

(Emini ogqayinyanga bayaxoxa.)

UGqayinyanga: Hawu wethu, asengithi angifeokukaZinti yini izolo!

Inceku: Ubuzobe uyalunga.

UGqayinyanga: Wakhulumisa okomthakathi?

Inceku: Wena ubuyofunani esigodlweni?

UGqayinyanga: Bengingekho esigodlweni, kodwa ngithe ngiqaphile kwesikabhadakazi ngabona isithunzana sithi shazi, ngasixhuma emsileni ngathi asizibike, kwathi nya.

Inceku: Ubungaliphethe yini iklwa?

UGqayinyanga: Awuzwa uma ngithi ngicishe ngathinta okungathintwa? Ngithi uma ngiphinda ngibuza ngifice ukuthi akaphenduli lomuntu.

Inceku: Ungumnqolo.

UGqayinyanga: Kanti okaJama.

Inceku: UDingane?

UGqayinyanga: UMkabayi; ngingabe ngisaq-hubeka namazwi, ngimyeke ahambe aye ayongena elawini likaDingane. Yimi lowaya ngiyobeka indlebe ezintungweni.

Inceku: Walalela isifuba sakomkhulu?

UGqayinyanga: Esakomkhulu asikhishwa ngesikabhadakazi. Ngibesathe angathola lutho, ngezwa imvunge nje.

Inceku: Kodwa ngabe mkhosi muni obuyo-hlatshwa okaJama phakathi kwamabili?

UGqayinyanga: Angazi, kodwa ingathi uMkabayi useke wahilana nenkosi, futhi useke wezwakala kabi ebiza uDingane ngenkosi.

Inceku: Inkinga leyo.

UGqayinyanga: Ngizoke ngiyihumuzele uMbopha noma uJeqe lendaba ngizwe owabo umoya ngayo, hleze ivele komkhulu bese ngijezela ukuyigodla.

Inceku: Kona kungubucayi impela, kodwa phela ungazihlangulela ngokuthi abakomk-hulu umuzi lo owabo.

UGqayinyanga: Ungazihlangulela lapho icala lakho lizoqulwa, hayi lapha umuntu efa ngamehlo.

Inceku: Ungayethula ezinduneni uthole owazo umqondo; kodwa ngiqinisekile ukuthi nabo bazothi ngeyomndeni leyo. Wethu, ngisathi qu laphaya exhibeni, siyobonana.

UGqayinyanga: Kulungile wethu. **(behlukane)**

Inkundla Yesine

Isigcawu 1

(**UDingane** uhambela uMbopha.)

UDingane: Wena kaSithayi!

UMbopha: Mntwana! Ngahanjelwa aban-genhla?

UDingane: Ngikuthwalele inkululeko nge-qoma, qhawe lakithi. Uma singanqobi loluvalo esihlezi kulo angiliboni iqholo elikhulu esinganalouvalo Mbopha luzalwa ukungazi ukuthi umuntu uzokwenzenjani ukuze akhululeke; namhla nje ngikulethele ikhubalo elizokunika ithuba lokuzikhethela ubuqhawe noma ubugwala, lo kuzikhethela ubunumzane noma ubufokazana, lokuziqo-kela ubumpohlo noma ukuganwa, lokuzi-qokela ukuzikhulumela noma ukufa; inku luleko okuyiyonayona ileyo ekunika ithuba lokwenza konke okuhle okuncomekayo, okungashazi inkululeko yabanye.

UMbopha: Kukhona yini lapho ukufa kun-gekho khona? Angithi izwe lonke elikaShaka?

UDingane: Angisho ukuthi asibaleke kwaZulu, ngithi asizikhulule silapha ngaphakathi.

UMbopha: Sikhasele eziko?

UDingane: Lokhu engikushoyo angidlali ngakho. Uyambona umfowethu useqome ukuqotha imbokodo nesisekelo, usem-qedile uZulu, uselufuze lo nke ubonda ebesibande ngao, usephenyele izitha amab-heshu ethu-zonke izizwe ziqaphile zithi je 'kuke kwathi fithi ziyosibhangqa nemithi ngamaklwa'-luphi uxolo? Kuphi ukuthula? Ziphi izinsizwa? Amanqe asekhuluphele ase cwazimula. Sigqila, awazi ukuthi labo aba-funa inkululeko bafanele bazigalelele bona mathu pha? **(kuqhamuke uMhlangana)**

UMbopha: Bathini abanye abantwana?

UMhlangana: Wena wesilo! **(ekhuleka emnyango)**

UDingane:. Ngena mfowethu, injobo ithun-gelwa ebandla.

UMhlangana: Ngingakusiza ngani mfowethu. ngikhala amanzi njengengcuba?

UDingane: Izwi lomfokazana ilumbo, mfo-wethu. Wena thatha nampu ubukhosi bukaZulu.

UMhlangana: Uze ubone inqe lihluthuke intamo?

UDingane: Nasi isifuba?

Bobabili: Elethu.

UDingane: Bafowethu, sekuze kwakaningana ngithi ngiyalala ngibone obabamkhulu, abaphansi behlubule, begqunqe bemnyama befana nezulu lihlomile.

UMhlangana: Bakhulume nawe?

UDingane: Bangathi vu, bangibuke bangibuke banikine amakhanda bashingile bahambe. Emva kokuba behambile kuqhamuke ithala lemikhonto lize libheke kimi, lithi uma liphezu kwami lime bese lishabalala.

Bobabili: Ngabe kusho ukuthini lokho?

UDingane: Angazi nami, ngithe uma ngilethula kuMkabayi leliphupho lamethusa naye kakhulu; kwangethusa kakhulu ukuzwa ukuthi leliphupho yilo elalihlupha uSigujana, Jimbikela amanqe ayemzulela agcina emdlile.

Bobabili: Mhi!

UDingane: Ukuba lamanqe azulela mina ngedwa ngabe angizihluphi, kodwa ngoba azulela uMhlangana noMbopha noDingane nesizwe sonke sikaZulu ngikhala ezimathonsi, kepha ukukhala akusizi ngisho olunci, okuzosisiza ukuba selekelele uShaka ekuqotheni kwakhe imbokodo, hayi isisekelo ngoba yisona esokwakhela phezu kwaso isizwe senkululeko.

UMbopha: E!

UDingane: Ukungabaza wena kaSithayi yikona okusenza sehluleke ngoba kusithena

amandla okulinga. Ngiyazi wena ungatsha-
ziswa ukuthi ngeke waphendukela umngane
wakho inkosi, niyathandana uma usho.

UMbopha: Mhi?

UDingane: Uthi uthando Mbopha ukuguqela
enye indoda namhla amadolo ehuzukile,
evuvukele; ukwethemba enye indoda noma
unembeza engeneme, noma izwe lonke lithi
ayethembekile, ayilungile? Mina ngithi ubug-
wala lobo, futhi angisho ukuthi uma umuntu
nithandana naye angakucacisa eweni azi
kahle ukuthi uma uke wathi nje, singoma.

Bonke: E!

UDingane: Wena mfowethu yini anayo uShaka
ongenayo wena? Wancela kodwa wena wan-
cela kangcono kunaye ngoba wena unyoko
akazange antunte alambe. Nelusa nobabili,
yena elusa ezabafokazana, wena welusa eze-
sizwe. Wanikwa umutsha lona angawugqo-
kanga yena, engi ngazi ukuthi baze balinika
mina elikaDingane ngani lalifanele yena nje?
Walamba, wesutha wena. Pho angaze abe
yinkosi, wena udinge ugijime izinkalo ulwa
ungatholi ludumo, lonke luya kuye, ngani?
Usemile uShaka, usefanele adedele wena

Mhlangana: Khwan' elisikwa lihluma.'

UMhlangana: Izandla zethu zincane Dingane.

UDingane: Izwi likaShaka elabaphansi, izwi-
likaMhlangana noMbopha elikaMvelinqangi.

(babhekane)

Bonke: Uthini Dingane?

UDingane: Ngobunswelaboya umfowethu useligebhugebhuze nje izwe, wathela izikhotha ngegazi lamakhosi, waguqula amanxuluma abangamanxiwaezinkubela, nezixhwala, abafazi namadoda, nezingane kugcwele izintaba, akunakudla, akunampheme wokukhosela, kudliwa izilo zezintaba; abanye bayazibulala begoba izinhlupheko nobuhlungu, abanye bayahlanya ngenxa yokudla namakhambi angadliwa ngenxa yenkemane. Konke lokhu nina nithi kuhle kuyabukeka, nithi kuyizwi labaphansi, kuyinkululeko, kungukuthokomala.

Bobabili: Cha!

UDingane: Nithi thina sonke siphilela ukukhulula uShaka, alale athi ja ebusuku thina besiqaphele izitha zakhe azidala ngabomu? Bafowethu, kukhona ikhefana elincane umuntu alitholayo uma eguquguqula izinqe esigqikini. Uma silele siguqukelani siphendule izinhlangothi? Uma loku kuguquka kudingeka, asiphenduli ngani umbuso wegazi ube ngowothando? Mina ngithi asifeni sonke kanyekanye ukuze amanqe angasicuyisi okwezinja esifica ngabanye. **(kuthi nya)** Nginishiya nalelo. **(athi lacu, athi uma esemnyango athi)** Lokhu esikukhulumile kugcine lapha.

Bobabili: Mhi!

UMbopha: Uthini mntwana ngalendaba exoxwa uDingane?

UMhlangana: Angizange ngisithiye kanje isife. Akubucayi Mbopha, kakhulukazi ngoba yisu likaMkabayi ongathi uma sike samenza isitha sibhubhe lingakashoni leli.

UMbopha: Ungasashongo njalo.

UMhlangana: Singalemukela icebo siphike ngokuthi uDingane siyomqhuba ngamadolo aze aligibe lelisu.

UMbopha: Uma esehluleka asiyukufa naye?

UMhlangana: UShaka, Mbopha, yingozi esingeke sayibalekela, kodwa uMkabayi noDingane singabavika ngokungethukeli, sivele sizishaye abavumayo kanti ukuvuma ukuphika.

UMbopba: Ngiyakuzwa konke lokho, kodwa ungalibali ukuthi oDingane bahlakaniphile, bazothi besuka bebethi uma sivuma, wena Mhlangana uwena ofanele ukugalela kuqala esilweni; bese uthini-ke? Kodwa wena uya-vumelana nalomqondo kaDingane? Uze futhi ungakhohlwa ukuthi uma kwenzeka lokhu, uDingane oyobusa; futhi uma ebusa kukhona ingozi yokuthi nina boselwa bula-wani ngoba hleze nimbangise.

UMhlangana: Ilukhuni lendaba ngoba ngeke umuntu anuke owoselwa, kungathi kusuka bese kuthiwa uyena oyingozi ofuna

ukuqothula abegazi ukuze kusale yena abuse.
Asazi, siyoyicela ivuthiwe.

UMbopha: Siyobonana Mntwana. **(behlu-
kane)**

Isigcawu 2

**(UJeqe uhlangana nogqayinyanga, uma-
zisa ngephupho lakhe.)**
UGqayinyanga: Ubani Iona sengathi onjen-
gempisi?
UJeqe: Yimi wethu.
UGqayinyanga: Wazihudula wethu, lunjani
uvalo?
UJeqe: Ngiyabonakala yini ukuthi angimnandi?
UGqayinyanga: Ngeke ukhohlwe Jeqe.
Kodwa yini?
UJeqe: Angingedwa, sengibe sathe ngiyalala
kufike iphupho elingumbelebele. Ngibona
inkosi iqingqilizile, yopha; ngibone izip-
hundu zalabo abayigwazile seziyosithela.
UGqayinyanga: Ngabe yini leyo?
UJeqe: Umoya wami usukhathazeke kabi.
UGqayinyanga: Kufanele, angazi kodwa uku-
thi ngabe ukhathazeke kanjani ukube uyayi-
bona into eyenzeka lapha ebusuku.
UJeqe: Uthini wena?
UGqayinyanga: UMkabayi akasasuki elawini
likaDingane, kanti noDingane akasasuki
kwelikaMhlangana.

UJeqe: Ungayizeki leyo, singafa sonke uma ike yafika enkosini. Lukhulu silugodlelwe uMkabayi. Ngabe nje bafuna ukuguqisa ithole likaNdaba? Nami ngiyobona yona inkosi, noma ngingazi nje ukuthi ngizoyibhekelwa ngubani, ngizothi ngithi thu ingibuze ngesimo sami osuthe wasibona nawe ukuthi asisihle.

UGqayinyanga: Yiya, ikhona ngaphakathi.

(behlukane)

Isigcawu 3

UJeqe: 'Mxoshi womuntu amxoshisise,
Ngimthande exosha okaLanga,
Emsingisa lapho lishona khona, futhi lapha liphuma khona.
UZwide wampheqa amahlonjana omabili.'

UShaka: Ngena Jeqe.

UJeqe: Ndabezitha!

UShaka: Wafika kahle Jeqe. Ngizokuthuma ukuba utshele uDingane noMhlangana noMbopha ukuba kebavele kimi, sihlele nabo usuku lwempi ezohlasela uSoshangane.

UJeqe: Ndabezitha!

UShaka: Ngisemncane Jeqe.

UJeqe: Uma usemncane Nkosi, ubani omkhulu?

UShaka: Ngisemncane Jeqe, nabantu bami baseyingcosana.

Kodwa ngizokhula ngibemkhulu, ikhanda lami lize liyosithela emafini, nithi niyalibheka

phezulu ningaliboni; nobuso bami bunixhophe
ngokukhazimula ngoba buyolikhazimulisa
okwelanga, kanti nabantu bami bayokhula
kanye nami bawengamele wonke umhlaba.
Jeqe!

UJeqe: Sishaka!

UShaka: Wagodola nje?

UJeqe: Nko-Nkosi-izwi lakho linesisindo,
angiqhaqhazeli, yilo elingiphephezelisayo.

(kusenjalo)

Isigijimi: 'Zulu elidume phezulu kuNomangci,
Lusiba gojela ngalaphaya kweNkandla,
Lugojela njalo ludla amadoda,
Sixhokolo esingangamatsh' aseNkandla,
Aphephel' izindlovu uma liphendule.'

UShaka: Ubani lowo Jeqe?

UJeqe: (athi lungu) Sith' iSilo ungubani?

Isigijimi: Libunjwa liseva Ngonyama!

UJeqe: Ubala lokho, ungubani wena?

lsigijimi: Ngilapha nje Nkosi sekukuphela
kwami!

UJeqe: Ubungubani wena?

UShaka: Othi kalande.

UJeqe: Ongathethi manga uthi landa.

Isigijimi: Hawu, waliceka umthakathi ikhaba
lami elimnyama tsu, walicekela phansi Nkosi,
izintombi zami ezimbili zikanokusho, eben-
gingenqene lutho uma zingeniswe esigod-
lweni, iziphalaphala Nkosi; nensizwa yami
esidlakela, uMahlombohlanya, obungadla

ngaye izibaya zabafo nezabafokazana; angik-
hulumi ngesalukazi sami esife sisancelisela
inkosi isizwe sayo; bonke balele egodini
ngenxa yesandla sokukhohlwa.

UShaka: Ubani lona oqeda izwe lami?

UJeqe: Sithi isilo ubani lomsokoci wekhethelo?

lsigijimi: Akekho omunye ngaphandle
kukaNongo.

UShaka: Ubani?

UJeqe: UNongo, Nkosi.

UShaka: Uyiqaqa yini uNongo?

UJeqe: UNongo ngoba ungumufi, angawu-
bulala kanjani umuzi wakho?

lsigijimi: Akusimanga nasimanga Nkosi, inke-
belele, ngoba lomuntu kenabanga wedlula
izintanga, akuminyombo Nkosi iyesabeka!

UShaka: Mtshele ukuthi ngizokuthumela uyo-
hlola loludaba.

UJeqe: Ndabezitha! Ithi inkosi hamba, izon-
githumela lapho ngizohlola umonakalo
okuvelele.

Isigijimi: Anginakhaya Nkosi, nesidleke
ebengiqube kuso sebesihlakaze basishisa
ngomlilo.

UShaka: lzwe lami lingaka, uthi awunakhaya?

UJeqe: Nx ephepha Nkosi, usizi; hamba
ngiyeza.

Isigijimi: Ndabezitha!

UShaka: Ngizothokoza uma ubeke ezinyaweni
zalomuntu obezosililela, bese ufika ulale

phansi uhole umoya komakhelwane uzwe ukuthi ufelwe yini lomuntu, uma efelwe, uzwe ukuthi ubani oqeda umuzi wakhe.

UJeqe: Ndabezitha !

UShaka: Kodwa ngaphambi kokuba uhambe, ngifuna ukuba udlulisele lombiko koDingane. Angazi-ke ukuthi impi iyophuma usubuyile yini.

UJeqe: Ngobe ngifile Nkosi!

UShaka: Akukho kufa Jeqe ngoba kuzophinda esikaMjojeni, futhi nami angisho ukuthi ngi zophuma nalempi.

UJeqe: Nkosi, iZul' eliphezulu akusafanele liphume, sekufanele liqhwakele, lide ukudla kwemfundiso yalo. Sesifundile manje Nkosi, sesingayibamba sazi ukuthi wena umi egqumeni uyabukela. Futhi-ke akukho mpi.

UShaka: Elokufa alitsheli Jeqe, siyobonana.

UJeqe: Nkosi!

Inkundla Yesihlanu

Isigcawu 1

(Umbiko kaJeqe usufinyelele koDingane, ngakhoke sebeya enkosini.)

UShaka: Bafowethu nani zinduna zami, namhla nje ngiyiphaka okokugcina, sesilahla amathunga ngoba ikusasa akulethu. Uma kuphinda esikaMjojeni, engethemba ukuthi sizophinda, ngeke ngiphinde ngihlasele. Sesiyithintile iNingizimu, iNtshonalanga, neMpumalanga; igama lami, igama likaZulu, lisematheni awo wonke umuntu ngalapho, liyathuthumelisa, kodwa lokho kwesaba kuyilokho okulungile ngoba kungukwesaba ukuziqhenya, umhawu, ukuthakatha, nakho konke okubi okugubaza intokozo lapha ezweni. Ngizothi ngingayiphaka eya eNyakatho ngisale lapha ngife. Ukufa kwami sengiwuhlanganisile umbuso kuyoba intokozo ekade. **(babhekane)**

Bonke: Bayede!

UShaka: Ngoba nakhu kusesekuseni, ngizo-
funa nihlomise amaWombe, uFasimba noM-
guma nqa, ukuze kuthi lapho libomvu kusasa
nivuke nayo impi niye kwaSoshangane.
Ngizoyinika nina bafowethu lempi, niyoyip-
haka ngokubona kwenu; elami yileli: wonke
umuntu uyobuya nomkhonto wakhe.

Bonke: Sishaka!

UShaka: Okunye engithanda ukukupha-
wula ukuthi ningaziphangi zonke izinkomo
zikaSoshangane uma ethi zithatheni noma
nimemuka zona; nithathe lezo ezanele ukuba
nidle endleleni, nikhombise amandla enu
nokwehlulwa kwesizwe, kungabi sengathi
nixoshwe indlala lapha kwaZulu. Izwe lonke
elikaShaka, ekhona noma engekho.

Bonke: Zul' eliphezulu !

UShaka: Ningethuki uma nibona uJeqe
engekho lapha. Nalapho seniphaka impi aka-
zubakhona; ngimthume le kuNongo ukuba
ayohlola udaba lokuthakathwa komakhel-
wane bakhe. Angazi ukuthi uyobuya nini,
kodwa hleze asindwe izinyawo. Sengiyozwa
ngophondo ekuseni seniphuma. Unyawo
oluhle.

UMbopha: Ndaba, ingasachelwanga impi?

UShaka: Hawu, angisho ukuthi kudingekile
ngoba uSoshangane ukude kakhulu. Nothi
lapho senimkhomba buduze bese niyichela.
Kodwa noma ingachelwanga angenqeni

lutho ngoba igama likaShaka lingenkulu intelezi, lingesikhulu isihlungu.

UDingane: Kunjalo Ndaba.

UShaka: Uthini wena mfowethu?

UMhlangana: Amanga Nkosi, kodwa ngiyethemba ukuthi ngingawubeka lombandela wokuthi isihlungu siyezwela ezinyokeni ngoba zona azinazinyanga; kubantu futhi igama lenkosi liyezwela, angazi ukuthi izinyanga zabo ziyalazi, ziyalizwa yini ngaphandle kwezakithi izinyanga okuyizona sizincomayo ngokuchela impi, senze ukuba zithi ngokwethaba zigubuzele ezezitha zethu.

UShaka: Izwi lami mfowethu elabaphansi, futhi izinyanya zezwe, ezinye zazo amakhehla, alazi njengoba ezazi wona igama lami.

UMhlangana: Ndaba!

UDingane: Ndaba, bekungakuhle futhi uma amabutho abengezwa izwi leNgonyama lokugcina.

UShaka: Ungumlomo wami Dingane, njengoba wonke umuntu otshela omunye ukuthi akenze izinto ezinhle noma othi akaphile impilo emsulwa usho ngephimbo likaShaka.

Bonke: Sishaka!

UShaka: Niyikhiphe kusasa kusemnyama ukuze ingathelwa izinyembezi zomame, bese niyichelela budebuduze noSoshangane. Unyawo oluhle.

Bonke: Bayede!

Isigcawu 2

(Elawini likaDingane emva kokukhuluma noShaka.)

UDingane: Mfowethu nawe Mbopha, sesifikile manje eqophelweni lokugcina. Nanguya umthonga ngenhla ebasele amatshe encibilikisa insimbi, iyo leya eniyibonayo igeleza phambi kwethu; thina kufanele siyikhongozele sibumbe esikubumbayo. Uma siyiyeka ize iphole, yithina esiyozikhala kusasa. Mina ngithi...

Bobabili: Nini?

UDingane: Lingakashoni elakusasa... **(kungene uMkabayi)**

UMkabayi: Hawu bafana!

Bonke: Jama!

UMkabayi: Kwathi ukufa kuqhobozela isizwe nabukela udede? Nicabanga ukuthi nina nakhiwe ngamatshe? Ukufa kungeze kwanibulala?

UDingane: Baba, ungena nje bengisathi...

UMkabayi: Usasho awukenzi?

UDingane: Jama, kulula...

UMkabayi: Thula! Ngakuthuma nini?

UDingane: E...

UMkabayi: Thula!

UDingane: Jama!

UMkabayi: Mhlangana nawe Mbopha!

Bobabili: Jama!

UMkabayi: Akekho umuntu owake wavuna ngongiyolima; nina-ke ngizonithuma ukuba ningenzele mina, nani, nesizwe lomsebenzi. Namhlanje ngifuna niphelekezele oweZulu, isizathu salokho ningasibuzi ngoba ngeke nisizuze manje, hleze ukulanda kusibangele indeyinde ukufa kwezinyane, elizothi lifa nalo bese siphelile, sekusele uShaka yedwa, esalele ukubulawa indlala nephunga labafi, kungasekho muntu ozofela ukuba kugcwaliswe isisu sakhe, umaminzela. Dingane!

UDingane: Jama!

UMkabayi: Tshela uMhlangana noMbopha into engakutshela yona.

UDingane: Ngabatshela, Zul' eliphezulu.

UMkabayi: Natshelwa kodwa anikawugcini umsebenzi wami?

Bobabili: E...

UMkabayi: Thulani!

Bobabili: Jama!

UDingane: Baba, sihlangene lapha nje ukuba siphethe lolo solo.

UMkabayi: Luphetheni.

UDingane: Njengoba sengisho, kusasa sizophuma impi yokugcina.

UMkabayi: Ini?

UDingane: Siphuma impi yokugcina kusasa.

UMkabayi: Nilibangisephi?

UDingane: KwaSoshangane.

UMkabayi: Niyakubona ebengikusho? Niyazi kwaSoshangane? Kwamamangalahlwa? Ani yikubulawa indlala, niqedelwe isitha eniyosihla-sela sizihlalele endlini yaso?

UDingane: Futhi akayi yena lapho.

UMkabayi: Ingani ufuna ukuniqeda nya.

UDingane: Ngithi-ke mina siyophuma nempi nje-ngemihla...

UMkabayi: Unani Dingane?

UDingane: Kothi ebusuku sisendleleni sinyibe, sibuye sizohlasela inkosi iyodwa lapha ekhaya.

UMbopha: Simenzenjani uJeqe?

UMkabayi: Akayi yini empini?

UMhlangana: Phinde, uthunywe kudebuduze, okungenza ukuthi sithi sifika bese ebuyile.

UMbopha: Futhi...

UMkabayi: Suka lomfazi!

UMbopha: Yise wesizwe, angibuzi ngoba ngesaba ukufa, kodwa ngoba ngithanda ukwazi ukuthi akukho yini okuyosithikameza kwenze ukuthi inyoka siyithinte emsileni siyivuse ulaka.

UMkabayi: Themeleza sizwe.

UMbopha: Uma impi isithola ekuseni ukuthi asikho sonke ayiyubuya ngomjaho, ithi ihogela umoya wethu kwenzeke ukuba inyoni yethuke yemukele?

UDingane: Akukho mmango ungenaliba. Siyozithathisisa izinyawo.

UMhlangana: Ubani oyogwaza kuqala?

UMkabayi: Ubani oyogalela kuqala empini?

UMhlangana: Asiyi empini thina. Empini yilowo ozoqalwa ogalela kuqala; thina ngeke siyeke inkosi igalele kuqala ngoba lokho kungenza ithole ithuba lokubaleka noma lokuzilwela ukufa.

UMkabayi: Siyabuzwa ubuqebeqebe benu, futhi sizobubona kodwa okusemqoka ukuthi kusasa niyayifeza yini injongo yoweZulu.

Bonke: Jama!

UDingane: Sesingahlukana, siyobonana ebusuku sesilungisela ukuphuma okokugcina.

(baphume kusale uMkabayi noDingane)

UMkabayi: Uthi lamadoda singawethemba kulolusolo? Yini abuze imibuzo eminingi kangaka?

UDingane: Ngabe kade asethula uma ayezimisele ukwenzenjalo.

UMkabayi: Sizokwenza ukuthi noma ethi uyanyiba angalifumani ithuba, nizothi ningahlangana bese ubatshela ukuthi njengengwazi eyaziwayo, uMbopha uyena oyogalela kuqala koweZulu; leso senzo sakhe siyokwenza athole iminyezane eshoyo. Lapha ungamtshela ukuthi uyodatshulelwa izwe futhi anikwe nabantu.

UDingane: Uthi kungebe ingozi ukumethembisa ubukhosi, ngoba kuyothi uma engasabutholi bese encinza izwe?

UMkabayi: WeDingane. Awazi ukuthi umuntu onesibindi sokugqaza oweZulu engesiyena owoselwa akafanele neze ukuphila? Awazi ukuthi umuntu onjalo kwawena ebenisebenzelana naye angakukhwebula kuleliziko okulo? Elami lokugcina Dingane yileli: uma ubukhosi bukaZulu ubufuna, buthathe, uma ungabufuni zilungisele ithuna. **(aphume)**

Inkundla Yesithupha

Isigcawu 1

(Kuthe ngakusasa ebusuku oDingane noMhlangana noMbopha baphenduka, kwathi emva kancane kwamabili babetheleka ebukhosini.)

UDingane: Mbopha, hamba phambili uyobona ukuthi ubani osesangweni.

UMbopha: Ndabezitha !

UGqayinyanga: Hawu, nalapha nonke, ubani osempini?

UMbopha: Khulumela phansisonke nobani?

UGqayinyanga: NoJeqe ulapha.

UMbopha: Kwakuhle ngamthola, silapha nje ngizofuna yena, usidukele ebusuku izolo, base bethi abantwana angizomfuna.

UGqayinyanga: Uthini okaSithayi?

UMbopha: Thula uze ufe wethu, ngizongena ngentuba namabutho amabili engihamba nawo ukuze ngimjume abone sesiselawini lakhe.

(aphindele emuva)

UDingane: Kunjani?

UMbopha: UJeqe ulapha.

Bobabili: Ubani?

UMbopha: Usefikile, manje sizokwenzenjani?

UMhlangana: Nakho phela ukulanda kukaMbopha.

UDingane: Kahle mfowethu ukusifaka amanzi emadolweni; akummango ungenaliba, futhi akusekho ukuya emuva. Kuhle singalali ngaphakathi emzini wenkosi, kufanele siyofuna ingosi ngasesizibeni esigeza inkosi lapho kuphuma ilanga. Ngoba wena Mbopha ugqayinyanga usekubonile, kuzoba kuhle uyobona uMkabayi umbikele lenkinga esikuyo, mhlawumbe yena angalenza isu lokwehlukanisa uShaka noJeqe, ukuze inyamazane siyifice indle. Kulungile uyosifica enqabeni.

UMbopha: Lapha kulele khona isilo awasondeli amanketshane kodwa kulula ukuba iwundlu lifumane isikhundla.

UMhlangana: Uqinisile uMbopha, kufanele kungene uDingane.

UDingane: Kulungile bafowethu, ngilindeni lapha.

(angene)

Isigcawu 2

(Athi thwayi thwayi uDingane ebange elawini likaMkabayi, asho azithele phezu kwenceku.)

Inceku: Zibike! **(kuthi nya)** Zibike!

UDingane: OweZulu. **(enyenyeza)**

Inceku: Awu, dlula zinyane.

UDingane: Baba, baba, baba.

UMkabayi: Ubani lowo?

UDingane: Yimi baba. **(athi lungu uMkabayi)**

UMkabayi: Kahle ngiyeza khona lapho. **(umzuzwana**) Kunjani ndodana usuzongi-belethisa ithunga yini?

UDingane: Sisebunzimeni obukhulu baba, uJeqe sizwa ukuthi usebuyile, okusho ukuthi kuzoba lukhuni ukuthola inkosi ngoba uzo-hamba nayo uma isiyogeza.

UMkabayi: Ungesabi Dingane, kusasa inkosi izobe yelashwa inyanga yayo enkulu lapha ekhaya; izongeniswa esibayeni ihlanziselwe khona nje-ngoba ubona izinkomo zilaliswe ngaphandle nje.

UDingane: UJeqe?

UMkabay:i: Suka Dingane, musa ukuba yivaka kangaka, nakuba uJeqe efanele

ukuphalaza ne nkosi, akakwazi ukuvela
ayolashwa engazange ayidle imithi ethile
angakwazanga ukuyidla njengoba efika
manje ebusuku, akakwazi futhi ukuyongena
esibayeni nenkosi hleze ayeleke ngesithunzi
esibi; inkosi iyovuka nenyanga yayo kuphela
okuzobe kuyiyona ephethe ukhamba lwayo.

UDingane: Sizomthatha umgqaka baba,
kulungile sengiyobonana noMhlangana.

UMkabayi: Ungazithatheli izinto phezulu
Dingane, lalela ngikutshele. Nizongena niy-
obhaca emva kwesibaya; ningangeni kodwa
inyanga ize ichele. Yothi ingachela ningene
nibande ngezimpundu zesango, ingene qede
isihola inkosi, nigxume niphonseke phakathi
kwabo, uMbopha avele ngemuva amgwaze.
Amehlo amhlophe.

UDingane: Jama! **(Aphume ayobikela
oMbopha bese beyolungisela ukuyob-
haca njengoba eshilo uMkabayi)**

Isigcawu 3

**(Elawini lenkosi kukhona yona inkosi
nenyanga yayo.)**

UShaka: Sekuyikho khukhuva?

Inyanga: Zul' eliphezulu, kodwa inkosi ngi-
zoyishunqisela ngomunye umuthi ngap-
hambi kokuba ishaywe umoya omubi
wasebusuku. **(nebala ishunqise)**

UShaka: Awu, yenza nempela! Umzimba wami ngizwa utubekile ingathi bengenza omkhulu umsebenzi lona.

Inyanga: Ingathi bengingachela futhi phandle. **(iphume nebala)**

UDingane: **(becashile)** Nanso-ke inyanga ihamba ichela, izothi ingaphindela emuva sime ngapha nangapha kwesango. **(ichele iphindele emuva)** Asingeneni! **(bame qede bayibone inyanga iza ihola inkosi; ingene qede inyanga baphonseke emva kwayo bekhokhe imikhonto)**

UShaka: Yini Dingane? Kwenzenjani? **(umkhonto ungene ngemuva)** Awu! Niyangigwaza! **(ithi jeqe)** Hawu, uwe Mbopha? **(kuthi nya)** Kwenzenjani bafo-wethu nangibulalisa okwamagwala? **(awe)** Ningibulalela ubukhosi? Ukube benazi uku-thi lishisa kanjani lelilembe ebenginihlalele kulo ngabe aningisusanga. Yebo Dingane, umbango usuka emlotheni, uzenzile kakhal-elwa. **(abheke phezulu)** Nazo izinyoni zol-wandle ngizibhekile.

Inyanga: Hawu! lafa elihle kakhulu! Elekelelani bo!

UDingane: Asibalekeni! **(beqe uthango)**

UJeqe: Yini?

Inyanga: Abantwana noMbopha! **(ikhomba)**

UJeqe: Wo! elokufa alitsheli. **(afole aphathe isidumbu)** Impela akusoka lingenasici;

leligazi elimpompozayo likhomba ukugqwala kwethusi, ukubuna komthunzi, ukusha kwesiphethu sobuzwe bukaZulu. Nakuba inkosi ibinolaka, ingancengi, ingathetheleli, ikwazile ukumisa umthetho, inhlonipho, ukuzibamba, ubuqhawe, nokuzithanda, konke lokhu okuzobhuntsha. Wo! Sishaka, ubuphothana phambi kwethu sikuthande. Ubuyiphaka ngobuciko, uyibambe nathi singenwe uhlevane, sime isibindi; kodwa ngokuzimisela ukuqotha, kukubulele okudliwayo. 'Dlondlwane luya luhlezi, luya ludlondlobele; Sidlukuladlwedlwe siyadla sidlondlobele, Sibeke isihlangu emadolweni; Mxoshi womuntu amxoshele futhi... 'Bakubonile abanamehlo gugu lethu, kepha-ke ukufa kusezizweni. Umuntu akazisithelele ayozihlabela ikhefu enxenye, abone ukuthi kuthokomala kuni angakuzuza ethembeni, nakuzimisela kuni ovalweni.

Lala 'Lusibagojela'! (**aphume qede kungene abantwana noMbopha, basisuse isidumbu basifihle emgodini wamabele khona esibayeni**)

UYAPHELA